Noël
raconté aux petits

3, rue Bayard, 75008 Paris
ISBN : 2 227 61120 0
Dépôt légal : octobre 2000

Loi 49-956 du 16 juillet 1949 sur les publications destinées à la jeunesse

N° éditeur : 7023 - N° d'impression : L84976
Pollina s.a., 85400 Luçon
Imprimé en France
2ᵉ édition

Récit de Matthieu de Laubier • Illustrations de Carme Solé Vendrell

Noël
raconté aux petits

BAYARD JEUNESSE / POMME D'API SOLEIL

Cette histoire
a commencé
il y a deux mille ans.

En ce temps-là,
dans le pays d'Israël,
les habitants disaient :
« Un jour,
Dieu nous donnera
un roi qui nous délivrera
de nos malheurs. »
Tout le pays attendait
la venue de ce sauveur.
On l'appelait « le Messie »,
l'envoyé de Dieu.

Dans ce pays,
il y avait un petit village
de rien du tout,
appelé Nazareth.

Une jeune fille vivait là.
Son nom était Marie.
Elle était fiancée
à Joseph le charpentier.
C'était un homme bon.

Comme tous les habitants,
Marie et Joseph
attendaient le Messie.

Un matin,
tandis qu'elle balayait
sa petite maison,
Marie entendit une voix.

Qui parlait ?
Était-ce un ange ?
Doucement,
très doucement,
la voix disait :

« Sois heureuse, Marie,
Dieu t'a choisie.
Tu seras la mère
de son Fils.
L'enfant que tu attendras
sera roi pour toujours.
Il est le Sauveur. »

Depuis ce matin-là,
lorsqu'elle allait au puits,
lorsqu'elle tissait la laine,
Marie, tout heureuse,
chantonnait cette vieille
et belle prière
de son pays :
« Dieu fait pour moi
des merveilles,
béni soit Dieu ! »

« Dieu fait pour moi
des merveilles,
béni soit Dieu !

Il s'est penché sur moi,
sa petite servante.
Il a fait pour moi de très grandes choses.

Car Dieu est proche
de ceux qui l'aiment,
il renverse les puissants
de leur trône,
il relève les pauvres de la poussière.

Il donne leur nourriture
aux affamés,
il renvoie les riches les mains vides.

Dieu vient au secours d'Israël.
Il vient sauver
tous les hommes ! »

Un jour, l'empereur
qui régnait sur ce pays
décida d'en compter
tous les habitants.
Chacun dut aller inscrire
son nom sur une liste,
dans la ville
de sa famille.
Joseph partit
avec Marie à Bethléem.
Car il était de Bethléem.

Le voyage fut long,
très long et fatigant.
Marie sentait
que son bébé
allait naître bientôt.

Mais à Bethléem,
ils ne trouvèrent pas
de place à l'auberge.

Alors, Joseph
installa Marie
sur un lit de paille
à l'abri d'une grange.

La nuit tomba.
Soudain,
dans le silence étoilé
on entendit un cri.
Un petit cri de bébé.
Marie venait de mettre
son enfant au monde.

Tout autour de Bethléem,
des bergers dormaient
dans les champs.
C'étaient de pauvres gens.
Or voici qu'un ange
leur apparut.

Était-ce un rêve ?
L'ange enveloppa
les bergers de sa lumière.
Il leur dit :
« Réjouissez-vous,
car un sauveur est né
pour tous les hommes. »

Soudain,
on aurait dit
que le ciel tout entier
chantait :
« Gloire à Dieu
au plus haut des cieux ! »

Alors,
les bergers
coururent
vers la ville.

Et là, ils virent
un tout petit bout d'homme
couché dans
une mangeoire.
L'enfant dormait
à poings fermés.

Bientôt,
des quatre coins du monde
arrivèrent des Rois Mages.
Ils apportaient des cadeaux
magnifiques : de l'or,
des parfums, de l'encens.

Cela en faisait du monde
autour du berceau !

Soudain, on entendit
une petite voix d'enfant
qui demandait :
« Mais, au fait,
il s'appelle comment,
ce bébé ? »

Alors, Marie
sourit à l'enfant,
et elle lui dit :
« Il s'appelle Jésus. »